"A mia figlia Sharon di otto anni, che in questi anni non mi ha mai permesso di annoiarmi, ma soprattutto non mi ha mai permesso di fermarmi quando ero perso nel buio dell'incertezza piu' totale, grazie alla sua splendida luce e solarità e alla vita che gli ho dato, con la consapevolezza di oggi che è sicuramente la piu' bella cosa che avrei potuto fare."

Daniel Parretta

LE SETTE MERAVIGLIE DELLA VITA

L' ENERGIA VITALE DENTRO DI NOI

"Ogni volta che agisco ragionando, mi caccio nei guai; meglio sarebbe seguire l' istinto, quello non sbaglia mai."

Prefazione

Questa piccola opera nasce quasi per caso, se così si puo' dire, perché il caso e' spesso e volentieri frutto degli eventi circostanti, di cio' che accade intorno a noi. In sostanza quindi, quello che troverai scritto di seguito, non è altro che il frutto maturo di due anni di esperienze, sofferenze, gioie e dolori, cadute e rialzate, sconfitte e vincite.

Ma a dire il vero la storia di questo frutto parte da ben piu' lontano nel tempo, dalla mia infanzia fiorita, dalla mia adolescenza acerba, passando per un matrimonio durato nove anni e poi fallito, fino ad arrivare ad oggi.

Tuttavia non troverai un diario di esperienze, confessioni o romanzate, ma, come avrai potuto intuire dal titolo, potrai leggere alcune considerazioni fatte da me negli ultimi due anni, con alcuni aforismi e perle di saggezza che solo ora considero tali e posso trasmettere ad altri.

Credo vivamente che ognuno di noi nella vita incontri prima o poi difficoltà che spesso appaiono insormontabili, così come è capitato a me. Avere a che fare con le proprie paure, i propri "demoni" è una delle esperienze peggiori della vita, ma che si rivela preziosissima per l' evoluzione umana, sotto tutti gli aspetti. D'altronde, come si dice? Cio'che non ti uccide ti rende piu' forte.

Il buio della depressione, della tristezza – chiamala come vuoi – puo' farti soccombere, ma solo se ti chiudi in te stesso e non reagisci, ma questa è retorica come saprai.

Ma è pur vero che sono le parole, la comunicazione, gli affetti, la serenità e la pace interiore a fare la differenza.

Io mi sono agganciato a dei valori e principi che erano per me fondamentali, pensando e ripensando allo stesso tempo quale era la cosa giusta da fare, quale era la strada da intraprendere. Mesi, settimane, anni quasi, a ripensare, riflettere, cercare di capire un qualcosa che alla fine non serve capire.

Ho avuto la fortuna, ma , bada bene, anche la voglia e la volontà, di essere circondato da persone positive, solari, di sani principi morali ed etici, che hanno saputo consigliarmi e dai quali, per ovvie ragioni, ho preso quello che serviva a me stesso per progredire. Ho incontrato molte altre persone eccezionali, facendo nuove conoscenze e scambiando opinioni e pareri di ogni sorta. Ho letto tantissimo e ho anche scritto tantissimo, prendendo sempre quello che consideravo il meglio per me stesso, e anche per il mio prossimo, per chi mi sta accanto. Ricorda sempre, caro amico, e questo Te lo posso garantire, che c'è sempre una soluzione a tutto, ma proprio a tutto; non ha importanza se sbagli strada perché ce n'è sempre un'altra come via di uscita che ti porta alla meta.

Come dice il grande Nick Vujicic *"Non ha importanza quante volte provi a rialzarti.... devi essere forte, provare e riprovare perché non è la fine. L' importante è come andrà a finire, e se riprovi, e riprovi, una, due, dieci, cento volte, e troverai la forza dentro di te, ce la farai!"*Ognuno di noi, nel corso della sua vita si trova a dover affrontare le proprie paure, i propri demoni, le proprie debolezze.

Questo accade quando un evento che sconvolge la nostra esistenza terrena, quale puo' essere un evento traumatico, un lutto, una separazione,un forte stress, genera ansie e paure che nella stragrande maggioranza dei casi ci pone in condizione di non riuscire ad andare avanti, facendoci vedere qualsiasi ostacolo come se fosse insormontabile, una montagna, una vetta impossibile da scalare.

Tuttavia cio' non corrisponde affatto alla realtà, in quanto, come ben sappiamo, e' possibile salire su qualsiasi cima montuosa, raggiungendo anche la vetta, a patto di rispettare l' ambiente che ci ospita, di rispettare la natura circostante, insieme alle leggi della fisica, rimanendo sempre ben ancorati a quelle che sono le nostre certezze e le nostre fiducie. Rimanendo sul tema alpinismo, è un dato di fatto come spesso tentare di superare i limiti, i propri limiti, possa essere fatale per ogni essere umano.

Ed è altrettanto vero cio' che puo' accadere dentro di noi, quando dobbiamo affrontare le nostre paure e le nostre ansie.

La nostra mente ha dei livelli di coscienza e di consapevolezza che potremmo definire paradossalmente illimitati, così come illimitato è il nostro modo di pensare, di immaginare, di fantasticare, di sognare.

Tuttavia, ci sono dei limiti invalicabili, che vanno oltre la sfera emozionale ma soprattutto fisica in quanto esiste la realtà nella quale viviamo ogni giorno e ne percepiamo l' essenza attraverso i nostri cinque sensi, mentre esiste una realtà invisibile, un'altra dimensione, chiamatela come volete, che possiamo percepire con quello che è il nostro intuito, il nostro sesto senso, la nostra fiducia o la nostra fede.
Nei capitoli che seguono troverai alcuni aforismi, frasi e pensieri che nel corso degli ultimi due anni ho scritto e che rappresentano personalmente il mio vissuto, la mia esperienza. Insieme a cio' cerchero' di spiegarti il mio personale modo di vedere le cose e quanto cio' sia applicabile in molti contesti, indipendentemente dallo stato sociale, umano o da un qualsiasi credo religioso o dogma in quanto tutto questo è puramente un concetto olistico.

"Usa il non metodo come metodo, avendo l' assenza di limiti come limite." Bruce Lee

Energia Vitale

Chimicamente parlando, che cosa è l' energia vitale? Cosa si cela dietro il meccanismo che tiene in vita ogni essere vivente e che lo fa ragionare, pensare, agire, comunicare e sopravvivere?

La chimica in questo contesto viene intesa come l' azione di tutti i singoli elementi nel nostro organismo, quali minerali, fluidi, sangue, proteine, grassi, ossigeno e molti altri non meno importanti, tra i quali l'acqua ovviamente, che per circa l' 80 % è parte del nostro corpo fisico.

Qualsiasi movimento, evoluzione, attrito o interazione, comunicazione (prendiamo come esempio lo scambio di informazioni tra le varie cellule del corpo umano o piu' semplicemente la linfa che scorre nelle piante e negli alberi) produce energia vitale dalla quale è possibile attingere in diversi modi, ovvero attraverso la contemplazione, la meditazione o l' uso o consumazione di queste risorse vitali. Questo concetto apparentemente ovvio per certi aspetti, viene spesso trascurato dalla maggior parte delle persone. Tuttavia, siamo consapevoli che noi, come esseri umani, siamo gli esseri viventi piu' evoluti sulla Terra, proprio in considerazione del fatto che siamo piu' completi ma soprattutto piu' complessi e paradossalmente quindi, nel corso dei secoli, abbiamo perso quella semplicità e genuinità che ci permetteva di rimanere piu' a lungo in uno stato di pace, armonia e serenità con l'Universo e tutti i suoi elementi.

Prendiamo come esempio una quercia secolare, apparentemente innocua, ferma, senza vita; eppure in lei scorre quella linfa vitale che le ha permesso di attraversare innumerevoli lumi, ancorata perfettamente al terreno, dove affonda le sue profonde radici che la mantengono non solo in vita, ma in equilibrio dal punto di vista fisico, oltre a contribuire all' ecosistema.

Ed è proprio quel movimento impercettibile della sua linfa vitale, l' interazione tra le sue cellule che genera quell' energia, che purifica l' ossigeno e l' ambiente circostante, e che ci permette di attingere a quelle risorse alimentari di ogni giorno.

Sappiamo benissimo che l' elettricità che illumina le nostre abitazioni e muove il resto del mondo, altro non è che elettricità, prodotta appunto da movimenti meccanici, incanalazioni, trasformazioni eccetera.

Lo stesso accade dentro di noi, nella nostra mente, che è la centrale che genera elettricità, impulsi che muovono i nostri arti e i nostri muscoli e allo stesso tempo ci fanno prendere delle decisioni.

Questa e' appunto l' energia vitale, ma che va ben oltre il semplice fattore fisico, in quanto gli agenti esterni, le nostre azioni, possono modificarne il colore e l'intensità.

Non esistono sentimenti diversi nel senso stretto del concetto, in quanto quello che definiamo rabbia, rancore, amore,delusione e via dicendo, non sono altro che il mutamento di tale energia, che cambia e si intensifica in base alle situazioni.

Quello che ci differenzia dal resto delle specie viventi sulla terra è proprio questa energia, questo "spirito" nella sua forma piu' elevata, questa capacità di adattamento, di mutazione, di cambiamento, che a volte pero' ha creato squilibri nell' ambiente circostante e dentro di noi a causa di concezioni e idee sbagliate.

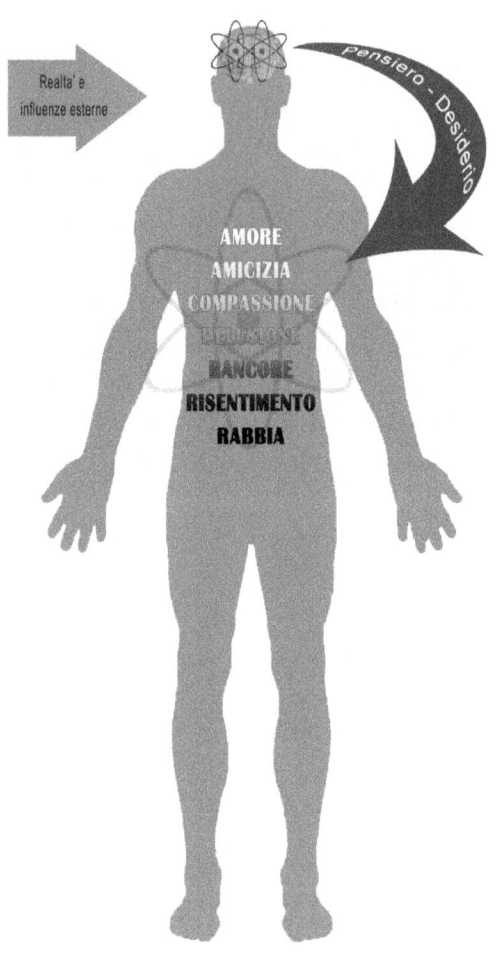

L' immagine precedente, rappresenta perfettamente il concetto espresso prima, ma non perché si voglia spiegare scientificamente il funzionamento di determinati meccanismi, ma piuttosto mettere alla luce, è il caso di dirlo, il nostro vero essere, che in sostanza è tutt'uno con l'universo che ci circonda, e di conseguenza viene influenzato ogni giorno.

Cosa è ad esempio l' amore se non un sentimento, un energia forte che scaturisce dal desiderio di unirsi ad un'altra persona, per la quale proviamo un forte desiderio, ammirazione, empatia?

Un energia che se pura e reale, ci fa compiere sempre buone azioni, ci motiva, ci rende forti ed equilibrati. Questa stessa energia che puo' essere sempre dentro di noi a prescindere, in quanto come detto, è conseguenza di quella connessione che noi abbiamo con l'ambiente circostante, raggiunge il suo livello piu' elevato quando è appunto incondizionato, in totale armonia, ma cio' dipende dal nostro modo di vedere le cose e quindi dal modo in cui pensiamo.

Cosa è la rabbia se non un sentimento, un energia pericolosa per se stessi e gli altri, che scaturisce da pensieri negativi, desideri repressi o non appagati, desideri di vendetta o comunque di rivincita su determinati eventi che ci sono accaduti?

L' energia vitale si puo' trasformare in energia negativa, pericolosa, dannosa e va quindi incanalata in attività produttive, di rinascita affinché ritorni ad essere quell' energia positiva che c'era prima, l' energia dell' amore incondizionato, la pace interiore.

Se il nostro corpo fisico puo' guarire dalle malattie, dalle ferite, anche il nostro Essere, il nostro Io puo' farlo.

"L' amore piu' bello anche se puo' far soffrire è, paradossalmente, quello non corrisposto, perchè privo di difetti e quindi incondizionato."

Mente

"Nella nostra mente c'è un Universo immaginabile e inimmaginabile e se l' Universo è infinito, anche la nostra mente è infinita."

Le cosiddette perle di saggezza, aforismi o come vogliamo chiamarle, non sono mai e poi mai una scienza esatta, proprio perché non sono una scienza, ma piuttosto un pensiero, un modo di interpretare e vedere le cose, aldilà dei preconcetti e pregiudizi, oltre che delle regole e dogmi.

Esiste un limite alla nostra mente? Esiste un qualcosa di impossibile che non possiamo fare? Quanto una determinata immaginazione puo' rimanere tale?

Pensiamo un attimo a quando abbiamo desiderato fortemente un qualcosa che ci sembrava impossibile, ma che è diventato possibile nel momento in cui lo abbiamo realizzato. Ricordiamo la meraviglia, il benessere che abbiamo provato in quel momento?

La nostre capacità mentali sono infinite quindi? Di sicuro, la nostra scatola cranica racchiude al suo interno un Universo per la stragrande maggioranza inesplorato, inspiegabile e probabilmente inviolabile per certi versi.

Ma quello che è interessante e da sottolineare, sono le esperienze che il nostro cervello memorizza e fa proprie, le abitudini, gli insegnamenti e così via. Ogni giorno della nostra vita si aggiunge un tassello, da quando veniamo al mondo, fino all' ultimo giorno della nostra vita.

"L'infanzia finisce il giorno in cui scopri che morirai." Dal film Il Corvo

I livelli di coscienza e di consapevolezza, si susseguono quindi con il passare del tempo e si puo' affermare con certezza che, constatato l' evoluzione di ogni singolo individuo, le grandi menti, i progressi evolutivi, le invenzioni, le idee illuminanti dei grandi geni, i livelli sono pressocchè infiniti.

Il solo limite quindi è il livello di consapevolezza e la capacità di immaginazione.

Le immagini seguenti, rappresentano quello che è il concetto di limite e immaginazione. Quanti di voi riescono a unire tutti e nove punti con cinque linee,utilizzando il dito senza staccarlo dal monitor, o con una matita se state leggendo la versione cartacea di questo libro?

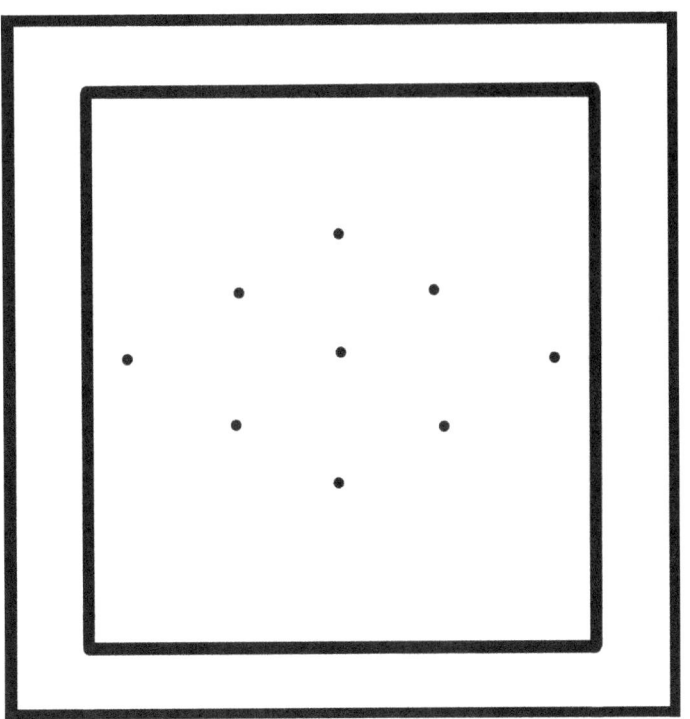

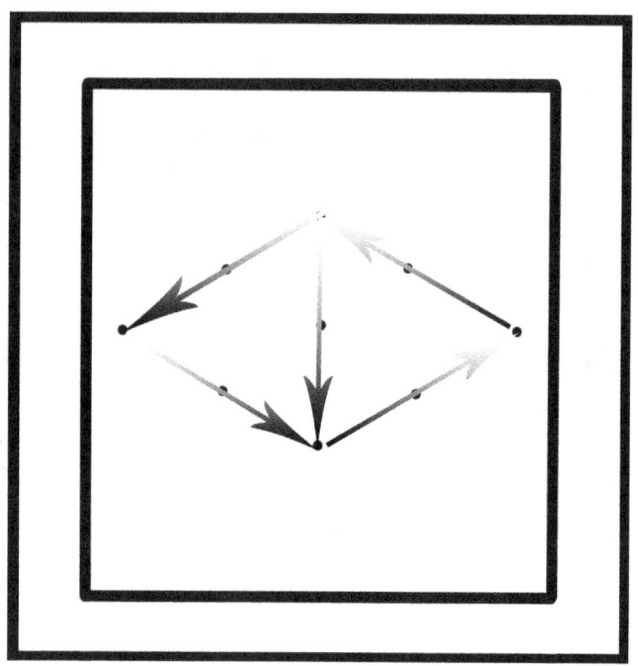

La soluzione in questo caso è alquanto semplice come possiamo vedere, ma se vi chiedessi di farlo con solo quattro linee, come procedereste?
Provateci, pensateci per un attimo, ma nel frattempo andremo avanti con altri argomenti. Se poi proprio non volete tenere a freno al vostra curiosità che è poi sete di conoscenza vi rimando al capitolo sull' Anima, poiché niente è imprescindibile nel nostro essere, mente, corpo, spirito e anima, quell' anima divina che ci spinge a fare determinate cose, ad intraprendere determinate scelte e azioni. Quell' energia vitale che ci permette di superare i nostri limiti imposti dal mondo esterno, dalle nostre abitudini, dai nostri modi di pensare e ragionare.

Corpo

"I 5 sensi servono solo ed esclusivamente per il presente, ma per le azioni future ne basta solo uno, il sesto, l' intuizione, che con un occhio al passato, focalizza l' azione da intraprendere."

La natura è perfetta, l'universo e l'evoluzione umana scorrono perfettamente come un ruscello limpido e puro. Tutto scorre ciclicamente, dalla nascita di ogni essere vivente,fino alla sua morte.

Ognuno di noi oltre all' energia vitale, all'anima, allo spirito, alla coscienza, possiede un corpo che ha anch'esso una sua intelligenza, essendo costituito da milioni e milioni di cellule, organismi viventi indipendenti, capaci di autorigenerarsi e in alcuni casi, guarire dalle malattie.

Il corpo è l' "involucro" della nostra energia, della nostra anima, del nostro spirito, del nostro essere. Il "miracolo" della natura, della vita e dell'evoluzione, ha forgiato l' essere umano con tutto quel necessario per poter vivere, i 5 sensi e tutto il resto, oltre a quello che ci circonda.

"L'essere umano ha due occhi: se ne perde uno, vede con l'altro. Ha due orecchie perché deve ascoltare il doppio di quanto parla, ma se ne perde uno, sente con l'altro. Ha due mani per toccare, tastare, creare.. Una bocca per esprimersi, comunicare e condividere e un naso per sentire gli odori e i profumi della natura. Tutto cio' è la sua essenza unica, la sua realtà, perché quello che immagina potrebbe non esserlo, quello che sente dire potrebbe non essere vero, ma quello che tocca, crea e vede con i suoi occhi è la realtà, il presente, ed è quello che conta."

Il concetto è quindi molto semplice; ognuno di noi è unico, siamo vivi perché percepiamo le cose intorno a noi con i nostri 5 sensi. Possiamo creare il nostro futuro con le nostre mani, attraverso l'azione che scaturisce dal pensiero, che è frutto del sesto senso, dell'intuizione.

Cio' che ci serve quindi è sempre e comunque intorno a noi e dentro di noi, aldilà di credo religiosi o dogmi precostituiti.

Quello che ci serve di piu' è mantenere sempre nella miglior forma e salute possibile il nostro corpo, preservandolo dai veleni e dalle tossine che vengono assorbite quotidianamente, ritornando a contatto un po' di piu' con la madre natura.

Bisogna aggiungere che, l'interpretazione del concetto di "casa di Dio" in alcune religioni, è prettamente correlato al nostro corpo fisico, che richiede sempre e comunque un periodo di riposo e di purificazione, oltre ad un costante rispetto del proprio essere e di tutto cio' che ci circonda.

Ma tornando alla natura e alla sua perfezione, a qualcuno verrà da chiedersi come mai nascono persone malate, con malformazioni e via dicendo? Colpa della natura? Colpa di Dio come accusano molti che si considerano credenti in tal senso?
Niente di tutto cio'. Se la natura ha sbagliato cio' è dovuto al fatto che è stata contaminata dall'uomo stesso nel corso dei secoli. Se esiste Dio, che ha creato l' universo e il mondo, non è certo colpa sua se in molti nascono con malformazioni spesso congenite.

Ma dopo molti anni, sta tornando alla ribalta, riguardo questo argomento, la teoria della reincarnazione, secondo la quale chi nasce in questo modo, con qualche handicap, è perché deve scontare delle pene nelle vite passate.
Ad ogni modo, la verità assoluta è sempre che solo il nostro corpo è mortale, per la semplice evoluzione della natura che per forza di cose deve far posto alle generazioni future. E' il nostro spirito, la nostra anima che è immortale e questo viene affermato in ogni religione o credo di ogni parte del mondo.

Coscienza ed Ego

"La coscienza sporca è come un viandante assetato che bussa alla tua porta: se non apri una prima volta, busserà la seconda. Se continuerai a non aprire andrà via ma ritornerà presto a ribussare. Se non aprirai ritornerà sempre a chiedere di essere dissetato fin quando non aprirai. Ma bada bene, la disperazione potrebbe incattivire il viandante a lungo andare e potresti ritrovarti con la porta sfondata."

La coscienza è quella parte della nostra mente che ci permette di formulare pensieri e azioni razionali, analizzando e ragionando sulle cose e su tutto cio' che ci circonda. L'ego è quell'altra parte della nostra mente che formula pensieri e azioni in modo del tutto egoistici, atti a soddisfare i nostri bisogni personali, nascondere le nostre debolezze o soddisfare bisogni spesso superflui e insignificanti.

Coscienza ed ego convivono insieme dentro di noi e spesso si danno battaglia tra di loro. Nel corso di questa nostra lotta interna, i nostri pensieri sono spesso confusi e irrazionali, conditi da paure, ansie, fobie e via dicendo. Le stesse nostre azioni possono essere irrazionali, arrivando spesso a sfociare in atti al limite della follia o peggio ancora nella vera e propria follia e violenza su se stessi o sugli altri.

Anche qui vale sempre il discorso dell' equilibrio tra le due cose, anche se la coscienza è quella che dovrebbe sempre farla da padrone; per trovare la tranquillità fisica e mentale, la pace interiore, spesso è necessario distogliere l'attenzione dai beni materiali, dalle esigenze personali, dai bisogni egoistici, mettendo dunque da parte l' ego o placando la sua energia incanalandola in modo diverso, cosa che si puo' fare solo ed esclusivamente cambiando modo di vedere le cose.

La cosiddetta "coscienza sporca" è un concetto molto relativo in quanto dovuta ad un atto di cui ci si pente e si rimugina dentro, creando quindi quei presupposti affinché cominci il proprio conflitto interiore. Tuttavia , uno stesso e identico atto puo' avere per due persone effetti diversi o completamente opposti, questo perché ognuno di noi è unico e reagisce in modo diverso, oltre che ragionare in modo completamente diverso dagli altri.

Cio' tuttavia potrebbe creare confusione nel lettore in quanto se il concetto per alcuni è diametralmente opposto, potrebbe essere intepretato come uno scambio tra coscienza ed ego, che prendono il posto uno dell'altro e quindi mettendo da parte la coscienza e soddisfando il proprio ego che ci porta a pensieri ed azioni irrazionali.

L'ego, l'egoismo non puo' mai convivere pienamente e da solo secondo le leggi universali, ma è sempre la coscienza che deve prenderne il sopravvento, quella coscienza che tutti gli esseri viventi possiedono e utilizzano secondo le leggi della natura per sopravvivere, in base al loro ambiente circostante. Quella stessa coscienza che è sempre stata e sempre sarà un tutt' uno con l'Universo.

Anima

Che cosa è fondamentalmente quella che definiamo Anima? Cosa intendiamo quando si parla di Anima, di quell' essere che non muore mai, ma si eleva e vive in eterno? Quale relazione c'è tra l' energia vitale e tutto questo?

Abbiamo detto in precedenza come quell' energia che ci mantiene in vita, muta di volta in volta in vari sentimenti, emozioni, influenzati dal nostro pensiero e lo stesso pensiero influenzato dall' esterno, e di come cio' determina le nostre azioni quotidiane.

E' possibile definire l' Anima come il raggiungimento di un determinato grado di maturità esistenziale, lo scopo ultimo, l'impronta digitale del nostro essere, che puo' essere raggiunto a qualsiasi età ed è strettamente legato alla conoscenza del nostro Sé interiore, un processo che puo' durare anche tutta una vita.

Confrontando le varie teorie e religioni, dalla reincarnazione al Cristianesimo ad esempio, si puo' affermare con certezza che questa energia è immortale, eterna.

Non esiste scienza che puo' spiegare tutto cio', anche se di recente la stessa si sta interessando a queste tipologie di argomenti.

La memoria di una persona cara, puo' rivivere ad esempio in eterno nei nostri ricordi. Ne prendiamo atto, magari ci modelliamo, impariamo dal suo vissuto e via discorrendo. Questo puo' voler dire che la sua anima vive in eterno.

Oppure questa energia vitale che tutti noi abbiamo, lascia il n ostro corpo fisico per reincarnarsi in un altro essere vivente, che potrebbe essere un animale o addirittura anche una pianta.

E' interessante notare a tal proposito come sulla testa dei neonati sia presente la cosiddetta fontanella, una sorta di apertura flessibile a forma di rombo, posta sulla sommità del cranio. Fisicamente parlando, questa membrana flessibile serve per facilitare l'uscita durante il parto. Non a caso ne esiste un'altra piu' piccola dietro la nuca.

A tutto cio' aggiungiamo l'estrema morbidezza della testolina di questa nuova vita e il miracolo è fatto. Tuttavia è curioso notare come tale apertura si trovi sulla sommità del capo, dove le varie discipline orientali collocano il chakra della corona o Sahasrara, punto di ingresso delle energie cosmiche o di congiunzione con il Divino. Il Sahasrara è uno dei 7 chakra principali che secondo le credenze orientali sono posizionati lungo il nostro corpo e vengono rappresentati come dei vortici, delle valvole dalle quali entra ed esce energia.

Per tale motivo tuttavia, essi non vengono considerati a stretto contatto, ma piuttosto a qualche centimetro dal corpo fisico, in una specie di alone energetico che influenzerebbe i nostri stati emotivi e la nostra salute.

Il Chakra della Corona posto sopra il capo come un aureola, racchiuderebbe tutti gli altri 7 chakra principali.

Quello che risulta interessante è il forte nesso che esiste tra il chakra della Corona e la fontanella del neonato, oltre che alla cosiddetta aureola che si vedono nelle rappresentazioni religiose degli angeli.

Tutto cio' sta a dimostrare quanto è necessario vedere le cose nella loro totalità, olisticamente, non escludendo niente a priori.

"I bambini sono felici e sorridenti perchè sono anime pure che non conoscono il dolore o l' odio, apprezzano le piccole cose di ogni giorno, e gioiscono per le loro fantasie"

In sostanza, la frase sopra è quanto di piu' vero e saggio possa esserci. Essa racchiude la semplicità e la totalità delle cose nel loro insieme e.. ritornando alla mente per un attimo, e in particolare all' esercizio dei nove punti da collegare con 4 linee, la soluzione è la seguente, che vi farà capire quanto spesso le cose siano piu' semplici di quanto appaiono, basta pensarci un pochino su, con semplicità, appunto.

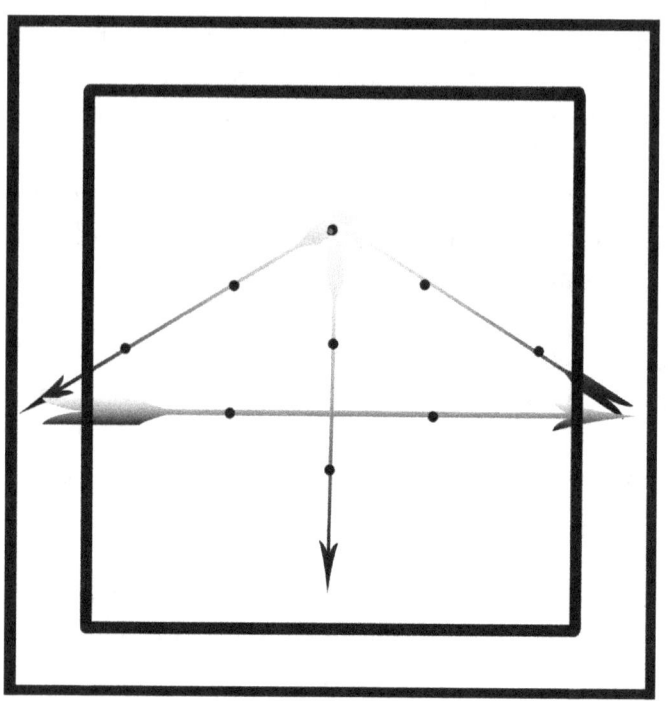

In pratica basta ampliare le proprie vedute, in questo caso, allargare i propri confini quel tanto che basta per raggiungere lo scopo prefissato, tenendo conto che ci sono dei limiti invalicabili dettati dalle leggi fisiche.

Le 4 linee rappresentano quindi la semplicità e l'immediatezza nel raggiungere un obiettivo con il minor sforzo possibile sia fisico che mentale, pensando come i bambini se necessario, svuotando la mente da pensieri, problemi, preconcetti e ripulendo quindi e infine l'anima da quelle emozioni negative che ci precludono di andare avanti nella vita.

Spirito

"Nutrisci il tuo spirito dalla sete di sapere e consapevolezza, e nutrisci il tuo corpo dalla fame di alimenti e di sesso"

Il sapere è conservato nella nostra memoria, nella nostra mente, attraverso la forma di ricordi, esperienze vissute, eventi.

La nostra mente immagazzina tutto cio', relegando spesso nei suoi angoli piu' remoti cio' che puo' essere non utile o doloroso per il nostro cammino lungo la vita. Tutto cio' crea quello che viene definito il nostro "Spirito" che nonostante possa sembrare il contrario, non ha nulla a che vedere con l' Anima, o perlomeno non nel senso stretto della definizione.

Abbiamo già affrontato il concetto di Energia vitale, emozioni che mutano di continuo in base agli eventi esterni. L' energia spirituale quindi, muta anche essa, ma esclusivamente per eventi e ricordi del passato conservati nella nostra mente, che riaffiorano in determinate occasioni, quali possono essere traumi. Anche qui abbiamo abbiamo il dualismo, la forza tra due energie, che molto spesso sono in contrasto tra di loro. La differenza sostanziale è che l'anima rimane pressocchè immutata nel tempo perché è parte di quel nostro essere che non possiamo cambiare, mentre lo spirito può mutare durante il corso della nostra vita, intensificandosi o affievolendosi, sempre in base ad eventi passati.

Un vecchio detto meridionale recita *"Quello ha 7 spiriti come i gatti"*. Ovviamente è una credenza popolare riguardo ad un animale che ha 7 spiriti, ma il concetto che sta alla base è fondamentalmente la rinascita di questa essenza astratta, in una continua evoluzione e cambiamento per non cadere in quelle che erroneamente vengono definite possessioni demoniache, per rimanere in tema di spiriti, ma altro non sono che energie inespresse che si modellano automaticamente ad eventi passati, ricordi di persone decedute, credenze irrazionali o paure dell'ignoto.

L' equilibrio quindi tra queste due energie , porta l'individuo ad avere una serenità e una gran pace interiore, perché riesce ad esprimere pienamente le sue emozioni e il suo essere.
Un cosiddetto "spirito libero" ad esempio, che riesce ad amare l'intero universo, ha trovato la sua via perché è in perfetto equilibrio con la sua anima che gli chiede cio', nonostante possa non avere alcuna donna al suo fianco. Anche uno "Spirito ribelle" può essere in armonia con se stesso e con l'universo, perché magari si adopera per fare cio' che ama, cio' che la sua essenza, la sua anima gli chiede.

Amore

"Una sera di molti anni fa, una donna italiana mi disse in inglese "I love You". Io non so cosa intendeva, ma di sicuro aveva torto."

L' amore è anche esso energia pura, quella stessa energia del quale si è parlato nei capitoli precedenti, che muta in base agli eventi e alle circostanze esterne. L' amore tuttavia è uno stato emotivo, un emozione che non è solo correlato agli eventi esterni, ma anche agli eventi passati, ai ricordi e anche ai possibili eventi futuri che non sono ovviamente prevedibili ma che hanno quel denominatore comune che è la speranza oltre al coraggio e alla forza.

L' amore altro non è che quella stessa pace interiore e serenità che sia con se stessi o con gli altri, con un partner o senza partner. Alla base del vero amore incondizionato ci stanno il rispetto verso se stessi e gli altri, la generosità, il perdono verso se stessi e gli altri, la totale mancanza di giudizio o pregiudizio verso chiunque, il rispetto della madre Terra e della Natura e in ultimo, la totale coesistenza e immersione nell' Universo nella sua essenza.

Si è parlato spesso sui media e in televisione di "Amore criminale", un termine ad uso e consumo dei talk show che su drammi ed eventi tragici, hanno riformulato il concetto di questo sentimento, a danno delle generazioni future.

"Niente ci appartiene in questo mondo."

L' amore in un rapporto di coppia non puo' mai essere criminale altrimenti non è amore; è un sentimento diverso, un energia negativa condita da gelosia , possessione, superbia o altro, che si trasforma in rabbia che come detto puo' sfociare in eventi tragici.

Nel primo capitolo, dedicato all' Energia Vitale, l' immagine raffigurata, rappresenta pienamente il concetto di energia e sentimenti e non a caso l' amore è in alto, posto al centro del petto in direzione del cuore, che in tutte le culture è quella parte fisica che contiene questo sentimento e lo fa per così dire, fluire in tutto il corpo.

Ritornando pero', al rapporto di coppia, bisogna sottolineare come spesso si confonda l' amore con il desiderio di beni materiali o come il desiderio di colmare un vuoto, una mancanza.
Oggi come non mai, questo sentimento, questa energia è stata intaccata duramente da tutto cio', dal bisogno, dal desiderio di possesso, del quale abbiamo già parlato in precedenza, dal denaro e dai beni effimeri.

Tutto cio' spinge sempre piu' giù nelle persone quell' energia repressa e inespressa che si accumula in basso trasformandosi in rabbia e frustrazione quando questi desideri non vengono esauditi.

L' amore incondizionato è allo stesso tempo e paradossalmente "follia" perché si è pronti a rinunciare a molte cose inutili, e a compiere azioni fuori dal comune, sia per quanto riguarda l' amore verso se stessi e gli altri, sia per quanto riguarda l' amore di coppia.

Nonostante quanto detto prima riguardo l' intaccamento di questo sentimento, ancora moltissime persone, ogni giorno nel mondo, si incontrano e scatta dentro di loro il classico Colpo di Fulmine che non ha nulla a che vedere con l'aspetto fisico, ma è piuttosto l'incontro di due "Anime" che si sono cercate inconsciamente.

Tuttavia, neanche questa è una scienza esatta, perché la fase di innamoramento è appunto un periodo di "offuscamento" da parte di una o di entrambi, e col tempo possono venire alla luce incompatibilità , dovute magari anche ad eventi, o spesso, quell' energia o sentimento creduto amore si è trasformato in un altro di livello inferiore.

Sesso

"L' orgasmo più' grande, l' energia più' potente che possa scaturire, e' quella del' unione di due corpi e due anime in perfetta sintonia e armonia."

Il bisogno di unirsi fisicamente ad un'altra persona, è una delle cose più' belle che possano accadere nella vita, non solo perché tutto ciò' è alla base della procreazione, ma anche perché l' energia che scaturisce da tutto ciò' è un qualcosa che rivitalizza tutto, corpo, anima, mente e spirito.

Il sesso non è solo un concetto prettamente fisico ma anche mentale e spirituale. Anche questi momenti, questi attimi di amplesso tra due corpi, possono definirsi momenti di sana e pura follia, un piacere anche nel ammirare e contemplare il corpo del partner e provare piacere anche nel vederlo godere.

Dato per scontato che nei tempi antichi, il rapporto sessuale era relegato al solo scopo di procreare, con modi e pratiche diverse e ben più' limitate, con i tabù' del caso, è chiaro come nel tempo si sia evoluto, in particolar modo in Occidente, dove è diventato anche un grosso business, spesso pero' superando i limiti del buon gusto e della decenza, per quella che è diventata una mercificazione dei corpi, sia femminili che maschili.

Questo vuol dire principalmente due cose in sostanza e cioè che si sono raggiunti livelli di energia e intensità di amplessi superiori al passato, pagando pero' il prezzo che è appunto il crollo di valori fondamentali per far posto a fini di lucro.

Le pratiche sessuali estreme, come il sadomaso, fetish, bondage eccetera, sono invenzioni atte a soddisfare spesso conflitti interiori o il bisogno di emozioni forti, quelle stesse emozioni che possono essere facilmente raggiungibili da un sano equilibrio interiore e una gran sintonia tra due partner, come detto.

In molte culture, specie in quelle Orientali, esistono pratiche sane che vanno aldilà del' aspetto fisico, con un approccio più' spirituale e mentale al sesso. Pratiche sane (basti pensare al Kamasutra di origine orientale) che portano i partner ad un livello di amplesso ed energia superiore e molto intenso.

In ogni cultura comunque, esistono abitudini e modi diversi nell'approcciarsi al sesso, anche e solo fin da adolescenti come l' educazione sessuale che viene impartita nelle scuole in alcuni paesi.

Quanto ciò' detto pero', non vuole essere una sorta di monito, ma piuttosto un sottolineare come anche qui, sono fondamentali gli equilibri, in questo caso tra mente e corpo, tra i cinque sensi e lo spirito, tra il visivo e il sensoriale.

Il bigottismo o il falso moralismo sono spesso anche questi la conseguenza di frustrazioni e bisogni repressi.

Non bisogna condannare o giudicare a priori una donna che mostra esageratamente le proprie bellezze: in fin dei conti una minigonna ben portata è segno di un evoluzione umana, e non può' che far bene alla procreazione.

Il Paradiso Terrestre e la Vita Eterna

Esiste il Paradiso? Si, esiste ed è qui sulla terra. Non a caso quasi tutti i libri sacri parlano di *Paradiso Terrestre*.

Tutta la natura e il suo corso, gli animali, le piante, le acque, le terre..sono il nostro **Paradiso**. Il problema è che gli uomini senza coscienza e senza scrupoli, avidi e malvagi, stanno trasferendo il "loro Inferno", che è allo stesso tempo follia, su questa terra, deturpando e risucchiando le risorse terrene.

Noi esseri umani, quegli essere viventi pieni di amore e bontà, vivono già il loro Paradiso. Gli uomini di poca o di malafede, vivono il loro Inferno perchè vedono solo cattiveria, nemici da eliminare, terre da conquistare, persone da usare e da schiavizzare.

Il Purgatorio insieme all' Inferno, è un concetto astratto ma allo stesso tempo reale. Il Purgatorio, altro non è che una sofferenza, una porta, un passaggio e poi un bivio che ci riporta alla realtà, cioè nel nostro Paradiso Terrestre oppure all' inferno, dove vedremo solo malvagità e paure per il resto della nostra vita terrena.

Tutto cio' non puo' discernere dalla **Vita Eterna**, un concetto anch' esso astratto ma che allo stesso potrebbe essere reale.

La Vita Eterna potrebbe esistere perchè vivremo nei ricordi delle generazioni future oppure potrebbe darsi che ci reincarniamo; se durante la nostra vita abbiamo fatto del bene, abbiamo rispettato la natura, il prossimo, lasceremo un bel ricordo ai nostri figli sicuramente e magari il nostro spirito si eleverà dal corpo in una dimensione superiore, ritornando sul Paradiso Terrestre, reincarnato in un altro essere vivente.

Questa è la vita eterna per chi sarà all'altezza. Coloro che non avranno rispettato la madre terra, coloro che avranno fatto del male, quando giungerà la loro ora, saranno ricordati per un po' ma poi subito dimenticati, il loro spirito svanirà nelle tenebre del cosmo piu' profondo e non potranno piu' tornare.

Ma chi si pentirà prima della morte, o comunque cercherà di rimediare in qualche modo ai suoi errori terreni, avrà la possibilità di essere giudicato dall' Universo Infinito.

Questi saranno destinati ad una nuova vita sulla terra, dove sconteranno delle pene attraverso sofferenze o malattie, ma molti di loro avranno l' animo puro e faranno a grandi cose: saranno dei grandi uomini.Questo è il ciclo della Vita Eterna e dell' Universo. E quando verrà la fine dei tempi, l' apocalisse, l' armaggeddon.. o quel che sarà, le anime degne, avranno la possibilità di staccarsi dal proprio corpo terreno, ed elevarsi in una nuova dimensione.

La Terra finirà il suo ciclo vitale e tutto verrà annientato. Ma questo stesso ciclo vitale ripartirà di nuovo, una volta passata l' Apocalisse, il Giudizio Divino, il Diluvio Universale, le Guerre, le Pestilenze, le Catastrofi Ambientali, **perchè l' acqua purifica, così come il fuoco**.

Il ciclo di rinascita durerà milioni di anni sulla nostra Madre Terra, ma per quelli che vivranno quel tempo nel Regno dei cieli, nella Dimensione Superiore, nel Cosmo, saranno pochi istanti.

Depressione e mal di vivere

"Il cervello è costituito da due emisferi attaccati tra loro, spesso troppo. Quando ti capita qualcosa che ti sconvolge la vita, un energia vitale sale dentro di te e separa queste due entità. Credi di impazzire, ma quando tutto si stabilizza, lascia aperto quello spazio che basta per far entrare e capire tante verità."

La mia esperienza personale mi porta a dire che la depressione non è una malattia, ma soltanto un nome dato ad un determinato stato emotivo e confusionale al quale un individuo è stato portato da eventi esterni che lui stesso non ha potuto controllare, ma soprattutto che non doveva controllare, questo perché come abbiamo visto, la base di un equilibrio interiore è l' amore incondizionato, privo ad esempio di quei bisogni di possessione.

Quando la mente è stanca, anche il corpo è stanco e viceversa.

La stanchezza, la spossatezza, altro non sono che momenti di pausa forzata del nostro corpo e del nostro cervello, che giornalmente sono sottoposti a stress, specialmente nella nostra cultura.

Lo stato confusionale e depressivo, misto ad ansia, porta ad uno stato di preoccupazione continua giornaliera, paure infondate, paure e dubbi sul proprio futuro.

Piu' ci si sforza a capire determinati eventi o la propria condizione emotiva, e piu' si entra in un circolo vizioso, che porta la mente ad uno stato confusionale ancora maggiore. Puo' valere in questo caso il detto *"Meno sai, meglio stai."*

Immaginate ad esempio, una persona che va a farsi una visita di controllo e scopre, magari erroneamente, di avere una grave malattia, come un tumore ad esempio. Come pensate che reagisca?
Di solito "viene" una depressione ma c'è anche chi reagisce bene all' evento. Ma è altrettanto curioso come questa pseudo malattia possa scomparire all' istante quando si scopre ad esempio che il medico ha sbagliato la diagnosi.
Tutto cio' sta a significare quanto tutto cio' abbia alla base la paura, un mal di vivere, un malessere esistenziale che spesso ci porta a questo stato non per colpa nostra, ma per eventi incontrollabili.

Tuttavia, non bisogna confondere tutto cio' con quelle che possono essere vere e proprie patologie croniche, nel 90 percento dei casi dovuti a fattori genetici. Gli squilibri chimici o ormonali nel nostro corpo possono manifestarsi fin da piccoli oppure in età giovanile.

Le cure per tenere sotto controllo queste sfere emozionali estreme possono essere, come sappiamo tradizionali, con i farmaci o con pratiche orientali come meditazione, cure con erbe e medicinali naturali, oppure con entrambi.
E lo stesso vale per quei momenti di semplice tristezza chiamata depressione.

"Il senso di colpa, molto spesso infondato, sta alla base del malessere esistenziale. Per quale motivo una donna deve sentirsi in colpa e cadere in depressione dopo aver subito abusi e violenze?
Cio' non dovrebbe succedere, ma piu' di tutto non dovrebbe succedere di sentirsi in colpa per qualcosa che non dipende dalla nostra volontà."

La depressione porta ovviamente ad avere anche paranoie, paure di ogni tipo e irrazionali, sensazioni strane che sembrano andare fuori da ogni logica. Personalmente durante la mia esperienza da depresso, ho avuto pensieri di ogni tipo, paranoie assurde, dalla paura di una malattia mentale, paura di essere schizofrenico e via dicendo. Mi è addirittura venuta l'idea che fossi stato ricoverato e che non lo ricordassi, arrivando addirittura a guardarmi le braccia se ci fossero buchi di aghi.. Paure infondate che ne alimentavano altre in quel circolo vizioso che è lo stato ansioso-depressivo, e che ti porta a fare ragionamenti irrazionali mutando la nostra coscienza e la voce interiore della quale parleremo nel capitolo seguente.

Paure e solo paure quindi, alimentate anche dai fattori esterni, dal passato, da ricordi di persone che hanno sofferto, dalla visione di persone inferme mentalmente e dalla paura di essere o diventare come loro.

Paure che possono ritornare in qualunque momento della vita, ma che bisogna sempre vincere con la consapevolezza che tutto parte dalla nostra mente, che in questo stato alterato, corre veloce, e ci fa immaginare cose assurde.

La voce interiore

"L'istinto di sopravvivenza ha una voce che ti dice
"Non me ne frega un cazzo di nessuno al di fuori di
me e delle persone che mi amano"

Cosa si intende esattamente per voce interiore? Cosa è quella vocina che ogni tanto ci sussurra in determinati momenti e situazioni, specie quando stiamo male, o siamo sotto stress?

Quando i troppi pensieri, le preoccupazioni ci affliggono, viene fuori la nostra coscienza che parla a noi stessi. Bisogna naturalmente distinguere pero', e qui entriamo un attimo in ambito psichiatrico, se si tratta di una voce interna a noi stessi, o esterna, un qualcosa che sentiamo solo noi.

Nel secondo caso si tratta di allucinazioni uditive che hanno a che fare con la sfera psicotica, e dove non entreremo nel merito. Riguardo invece alla nostra voce interiore, è chiaro che, in determinate situazioni, come i sentimenti e le energie che cambiano, puo' mutare anche lei, assumendo un "tono" dolce oppure aggressivo, buono o cattivo.

La voce interiore altro non è che la voce del nostro Essere, del nostro Io, come è in quel determinato momento, che ci parla dal di dentro. Il parametro di giudizio è ovviamente la nostra stessa coscienza, le nostre esperienze vissute e passate, che ci indicano la strada da seguire, e cosa ascoltare.

"Dovete credere solo a voi stessi, ascoltare la Vostra Voce Interiore". M. K. Ghandi

Molti credono erroneamente che sia la voce di Dio, un aspetto che tocca sempre la sfera delle psicosi, niente a che vedere con cio' che stiamo trattando in questo capitolo.

Essere soli con Se stessi, a volte è una delle fasi piu' proficue che un individuo possa attraversare.

Il dialogo interno, permette di conoscersi un po' piu' a fondo, utilizzando come detto quel parametro del vissuto e delle esperienze passate, senza l' interferenza del giudizio esterno.

Cio' comporta spesso un enorme sofferenza, ma il livello di consapevolezza che si raggiunge è impagabile.
Tutti i grandi uomini, mistici, religiosi, maestri zen, conoscono perfettamente questi meccanismi interni a noi.

E infatti, per entrare in uno stato di riflessione e ascoltarsi internamente ancora piu' profondamente, si utilizza la meditazione, come ben sappiamo, che ha lo scopo di guardare ed esplorare dentro di noi, una cosa che non facciamo molto spesso durante la nostra vita, presi giornalmente dal tram tram quotidiano, da tutti gli stress emotivi e le ansie che ne conseguono.

Guarigione

La "guarigione" della mente, del corpo, dello spirito e dell'anima, passa attraverso varie fasi, come quelle di una qualunque semplice malattia, come puo' essere un semplice raffreddore, dal periodo di incubazione nel quale non si sente nulla o quasi, a quella della sofferenza vera e propria, fino alla fine del decorso che puo' essere piu' o meno lungo.

L' incubazione, emotivamente parlando, è quella fase dove si accumulano ricordi, repressioni, ansie, rabbie che nuociono quindi al nostro Essere.

Si hanno gli attacchi di panico, pensieri ossessivi, a volte di morte o suicidi, confusione e via dicendo.

Tale fase porta alla vera e propria sofferenza esistenziale e le strade per superarla sono varie.

Tuttavia, bisogna sempre ricordare che, nonostante i rimedi, le eventuali cure di supporto, farmaci o medicine alternative che si possano adottare, questo genere di stato emotivo è un qualcosa che in ogni caso deve fare il suo corso naturale, senza ostacolarlo eccessivamente, ma piuttosto lasciandosi attraversare letteralmente dal dolore.

Tutto deve scorrere come l' acqua e considerato che anche noi siamo fatti per circa l '80 percento di acqua, dobbiamo essere proprio come lei, addattabili alle circostanze prima di tutto, comportandoci come lei, che si adatta alla tazza, al bicchiere oppure si adatta quando la colpiamo con un pugno.

L'acqua scorre e vive in questo modo, e così dobbiamo essere noi, adattabili, molli, limpidi e chiari.

Aforismi

In questa parte finale del libro, troverai alcuni degli aforismi che ho scritto nelgi ultimi due anni, frutto come detto in precedenza della mia esperienza personale. Non vogliono essere assolutamente un modo assoluto di vedere le cose, ma piuttosto uno spunto di riflessione che puo' essere utile a molti di voi.

"Osserva attentamente le piccole cose di ogni giorno, capirai anche le cose piu' grandi di te, perchè niente è insignificante."

"Se racconti una storia va bene, ma se la spieghi aiuterai a capire, ed è ancora meglio."

"La ricerca della verità è come essere un funambolo che cammmina su una corda tesa, con la paura e l'incertezza di cadere da una parte o dall' altra; solo un perfetto equilibrio permetterà di arrivare alla meta."

"Imparare qualcosa da solo è da intelligenti. Imparare da molti è saggio. Ma tenersi tutto per sè , è egoista."

"Trova la tua verita', non quella che cercano di propinarti gli altri: non avrai il dubbio che ti sia stata raccontata una menzogna."

"Si dice che Dio da pane a chi non ha denti. Io non ho mai capito se ho il pane oppure ho i denti."

"In teoria, ma solo in teoria, potrei amare tutte le donne di questo mondo, belle, brutte, more, bionde, bianche o nere, e ogni volta sarebbe di un amore sempre piu' forte e solido dell' esperienza precedente."

"Il malessere esistenziale quale puo' essere la depressione, e' come ritrovarsi in una immensa stanza vuota, circondata da decine e decine di porte chiuse; hai la chiave ma ti tocca provare tutte le serrature fino a trovare la via d' uscita, a patto di non perdere l' orientamento."

"Non lasciare ai tuoi figli denaro o beni effimeri e materiali, ma piuttosto lascia loro un mondo migliore e insegna loro come viverlo al meglio."

"Se tornassi indietro, sapendo quello che so oggi, rifarei tutto quello che ho fatto, perchè sarei consapevole, come ora, che ogni esperienza ti fa crescere."

"Se non riesci a raccogliere i cocci e ricostruire il tuo vaso frantumato, facci un bel mosaico sul pavimento; il resto dei tasselli li troverai sul tuo cammino."

"E' facile per un passante dire che una casa è brutta solo guardandone l' esterno, così come dire che è bella. Bisogna entrarci dentro e vedere se c'è calore, energia positiva e accoglienza, oppure cattiveria, odio, rancore, tristezza..

Così come per una casa, i passanti della nostra vita molto spesso colgono solo l'aspetto esteriore delle persone, traendo conclusioni affrettate, o peggio ancora, giudicando.

E' necessario che entrino, ma è altrettanto necessario aprirgli la porta..

Ma non tutte le stanze possono essere visitate; ci sono angoli nascosti, ripostigli, soffitte impolverate che solo il proprietario conosce bene, e se non le conosce vuol dire che non gode appieno della propria abitazione."

"Il luogo comune "Non è bello cio' che bello, ma è bello cio' che piace" non ha fondamento. Aldilà del suo uso che se ne fa nel contesto delle relazioni affettive, spesso in modo ipocrita, cio' che è bello e bello e cio' che è brutto è brutto. Chi non distingue la differenza tra le due cose o è ignorante o non ragiona con la sua testa. Ad esempio, per alcune persone è bello sballarsi con droghe o fare le corse clandestine in auto nelle grandi città. Ma come puo' essere bello rischiare la vita?"

"La bestemmia religiosa è un abitudine, uno sfogo, che spesso non ha riscontri negativi se non su noi stessi, per il senso di colpa. Il disagio è possibile evitarlo immaginando di essere tu il tuo unico Dio di te stesso. Potresti mai bestemmiare contro te stesso? Questa è una delle chiavi della pace interiore."

"Quando non riesci a dedicarti un po' a te stesso, o ti stanno rubando il tempo oppure ti stanno rubando la vita. Considerato che il tempo è relativo, è piu' probabile che ti stiano rubando la vita. "

"Alcuni dicono che la vita e' un sogno, altri che la vita e' un incubo. Si parla tanto di risveglio delle coscienze, di consapevolezza... Ma se la vita e' un sogno o un incubo, non ha importanza. Quello che conta e' capire cosa e', se bisogna svegliarsi da un incubo, oppure continuare a dormire in un sogno. Per non saper leggere e scrivere, si puo' affermare senza dubbio che la via migliore e' il centro, il dormiveglia, in armonia, in pace ma allo stesso tempo attenti, vigili e pronti ad ascoltare e a percepire."

"Chi crede nel vero amore è come se vivesse in un sogno. Quando qualcosa si rompe e finisce tutto, questa persona entra in un incubo. Quando si sveglia dall' incubo, si porta dietro per un po' quel malessere tipico degli incubi notturni."

"La vita e' come una partita a scacchi con la morte, un avversario contro il quale non puoi assolutamente vincere. Quello che puoi fare pero' e imparare bene a giocare, facendo bene le tue mosse, difendendo il tuo regno, i tuoi principi, i tuoi valori, i tuoi cari, facendo in modo che questo gioco duri il piu' a lungo possibile, con la consapevolezza che il giorno che perderai, qualcuno mettera' di nuovo a posto i pezzi sulla scacchiera, per una nuova vita, una nuova sfida ad un livello superiore."

"Non si puo' prevedere il futuro ma al massimo ipotizzarlo. Di certo si puo' averne fiducia oppure averne paura."

"Ogni individuo dovrebbe conoscere se stesso non per sentito dire, ma guardando dentro di se. Quello che potrebbero dire o dicono gli altri di lui, non lo riguarda."

Indice generale